KÄS SPATZEN
aus dem Allgäu

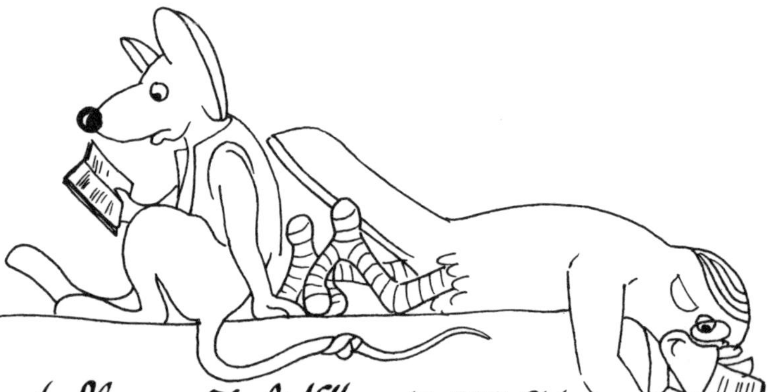

2. Auflage Juli '96 10.000 Stck.
Idee:
Andrea Lutzenberger Betzigau
Satz und Graphik
Cordula & Fred Opiolka BurkARTs

KÄS SPATZEN

aus dem Allgäu

Lutzi Verlag Allgäu

Auf ein Wort

Schön, dass Sie sich entschieden haben, dieses Buch mit oder ohne Spatzenhobel für sich, Ihre Freunde, Geschäftskollegen oder ganz einfach für jemand, der gerne Spätzle ißt, zu erwerben.

Die Spätzle sind im bayerischen und württembergischen Schwaben beheimatet, wobei die Knöpfle, die runden Spatzen, im Allgäu bzw. im bayerischen Schwaben ihren Ursprung haben. Schmecken tun sie auf der ganzen Welt. Mit diesem Buch und dem Spatzenhobel können Sie überall Spätzle machen.

Wer im Allgäu weilt, muß Sie unbedingt probieren, unsere Spatzen. Süß oder herzhaft, als Hauptgericht oder als Beilage - unsere Rezepte bieten für jeden Gusto eine Variation.

Wir freuen uns, dass mittlerweile eine zweite Auflage erschienen ist, denn sie beweist uns, daß diese Geschenkidee viel Freude beim Lesen und Geniessen bereitet.

Viel Spaß wünscht Ihnen
Lutzi der Spatz

Allgäuer Schpätzla - in vielerloi Gschtalt

Mit groaßer Freid schtell mr Euch vor
an ganza Haufa Schbätzla.
I sag's auf Ehr, wends richtig machsch
sends „mundig“, so wia d' Schmätzla.

Was, Du woisch it, was Schmätzla send,
und kennsch au koine Schbätzla?
Schmätzla sagt ma zua Schmuserei,
's send Bußerla vom Schätzla.

Was Schbätzla send des wearsch erfahra
wennd en des Buach neiguksch.
Gib obacht wenn'd se koschta duasch,
it daß de dra verschlucksch.

's send beides echte Köschtlichkeita,
von sowas kriagsch nia gnua.
Und wer des it sell haut und kriagt,
der guggad neidisch zua.

Schbätzla geits ganz vielerloi,
mit Käs, mit Leaber, mit Schbinat.
Au mit Äpfel und mit Kraut
schmeckad se delikat.

Serviert wearens, stilecht, ganz klar,
in Allgäuer Keramik.
A Bier vom Brauhaus nau drzua,
dau isch koi Mensch mea gschamig.

Dau hauans nei mit Hochgenuß,
und kennad koine Grenza.
Land sich dia heimisch Köschtlichkeit
in jeder Form kredenza.

Brobier se au. Es geit nix Bessers,
wia unsre Allgäu-Schbätzla.
Als Danke kriagad d Fraua
a Schmätzla von de Schätzla.

Guten Appetit

Ihre
Leonore Scherible

Auf einen Blick

DO KOMMET
SE HER

Woher se kommet...

...das sagen die Allgäuer ungern, denn der Ursprung ist im benachbarten Württemberger Ländle zu finden. Die Hausfrauen in früherer Zeit hatten oftmals nach der anstrengenden Feldarbeit viele hungrige Mäuler zu stopfen. Und so ein Spätzleteig war eins, zwei, drei fertig. Die Zutaten waren in jedem Haushalt griffbereit und die Spätzle wurden in den verschiedensten Variationen zubereitet.

Bevor man jedoch den Spatzenhobel erfand, legte man kleine Klößchen mit dem Löffel in die Suppe oder ins kochende Wasser. Mit der Verfeinerung dieser Einlagemethoden, veränderten die Nudeln ihren Namen und wurden zu den allseits bekannten Spätzle.

In Familien, in denen die Hausfrau heute noch traditionell nach alten Rezepten kocht, werden diese Spätzle vom Brett geschabt und nicht gehobelt. Ein Württemberger würde sagen: „Handgeschabte Spätzle machen ist eine angeborene Kunst. Die kann man genausowenig lernen wie unsere Sprache.“ Diesem Ausspruch ist nichts hinzuzufügen.

Bei uns im Allgäu, in Bayern, in Oberösterreich und Südtirol hat diese Mehlspeise eine andere Form, die sogenannte Tropfen- oder Knöpfleform.

Wie der Teig und die Spätzle gemacht werden, welcher Käse dazu gehört und was man dazu trinkt, das erzählen wir Ihnen auf den nächsten Seiten.

DES KOMMT ALL'S NEI

Mehl
Salz

Kässpatzen für 4 Personen

500g Weizenmehl, 4-5 Eier,
1 TL Salz, etwas kaltes Wasser
200g geriebener Emmentaler
100g geriebener Bergkäse
100g Butter, 1 Zwiebel,
Pfeffer, Salz.

In einer Schüssel Mehl, Eier, Wasser, Salz solange schlagen bis der Teig Blasen wirft.

Die Spätzle werden in kochendes Wasser gehobelt. Kurz aufkochen lassen und mit einem Seihlöffel abschöpfen.

Die Schüssel sollde vorher gut gewärmt werden. Schichtweise Spätzle, Käse, Salz und Pfeffer nach Geschmack hineingeben. Alles gut durchmischen.

Zum Schluß gebräunte Zwiebel mit Butter darüber geben.

P.S. Dazu ißt man grünen Salat.

Rund um den Käse

Der Käse verrät die Milch, das besagt schon ein altes Sprichwort. Doch um wirklich guten Käse, eben den für die herzhaften Kässpatzen, herzustellen, gehört auch eine gehörige Portion Wissen mit dazu. Wir haben uns in einer Bergkäserei mal umgeschaut und umgehört.

In einer Bergkäserei

Daß Käse nicht gleich Käse ist, wird jeder bestätigen, der einmal die Produkte aus einer Bergkäserei probiert hat.

Der Käse wird aus naturbelassener Rohmilch gefertigt und ist frei von jeglichen Zusätzen. Kenner schätzen den natürlichen Geschmack und die hohe Qualität dieser Milchprodukte aus den guten Bergkäsereien des Allgäus, und das aus gutem Grund.

Früh und abends karren die Bauern ihre gesunde Milch zur Käserei, wo sie traditionell im Kupferkessel verkäst wird.Wer noch nicht in einer Sennerei war, wird es kaum glauben, wieviel Zeit und Arbeit in jedem einzelnen Käselaib steckt. Eigentlich dauert es nur ein paar Stunden bis aus der Milch ein "Fast-Käse" entsteht. Fast-Käse, weil nach der Formgebung die eigentliche monatelange Pflege des Käsers erst einen wirklich guten Käse ergibt. So müssen die Laibe zuerst im Salzbad schwimmen, damit ihre Haut zur Rinde werden kann. Nach einigen Tagen wandern die Käse dann in den Keller, wo sie ruhen und reifen dürfen. Alle paar Tage jedoch kommt der Senn und schaut nach seinen Schützlingen. Sie werden dann gewendet, gewaschen und mit einer Salzlösung gründlich gebürstet.

Mancher Senn hat seine Käse arg gern, so daß er sich kaum davon trennen kann und bisweilen vergeht ein ganzes Jahr bis so ein Käse auf den Tisch kommt.

Wissen und Können des Käsermeisters sind in einer Bergkäserei wie zu Großvaters Zeiten gefragt, um diesen aus reiner Natur bestehenden Käse herzustellen, der frei von jeglichen chemischen Zusätzen ist.

Es gilt noch echte Handarbeit. In der Großmolkerei werden beispielsweise 500 000 Liter Milch verarbeitet, während in einer Bergkäserei durchschnittlich zwischen 3000 und 5000 Liter Milch verkäst werden. Teure Maschinen, die die Arbeit erleichtern, sind bei dieser Größenordnung nicht möglich.

Ein vielfältiges Käseangebot findet der Geniesser heute in den Käsereien vom würzigen Berg- und Sennkäse über den pikante Alm- oder Bauernkäse bis hin zum Lauchkäse und natürlich dem beliebten und bekannten Allgäuer Emmentaler. Wer kann schon einem Emmentaler widerstehen, der nach alter Manier hergestellt wird?

Für einen Emmentaler

von ca. 80 kg werden ungefähr 1000 Liter Rohmilch benötigt, die unverändert mit vollem Fettgehalt in einem Kupferkessel langsam erwärmt werden.

Damit die Milch überall gleichmäßig warm bleibt, dafür sorgt ein Rührwerk. In diese erwärmte Milch mischt der Senn in Wasser aufgelöstes Lab, ein Ferment aus Kälbermagen und Bakterienkulturen. Dieser Vorgang nennt sich das „Einlaben". Dadurch entsteht eine gallertartige, dem Joghurt ähnliche Masse.

Danach zerschneidet der Käsermeister mit einer Käseharfe die nun eingedickte Milch in möglichst gleichmäßige Stücke. Diese sogenannte Käseharfe ist ein Rührinstrument, das mit einem Kupferdraht bespannt ist. Die Stücke werden durch das Rühren mit der Harfe erbsengroß. Man nennt dies „den Bruch machen".

Der wässrige verbleibende Anteil (Molke) kann sich von der eigentlichen Käsemasse trennen. Der Fachmann nennt die erbsengroßen Stückchen „Käsekörner“, die sich durch das Austreten der Molke immer mehr zusammenziehen. Sie werden fester und trockener und bekommen „Griff“.

Dieses „Vorkäsen“ ist nun beendet. Eine alte Käseregel besagt: „Man muß lange vorkäsen, wenn man guten Käse haben will.“ Dann werden Molke und Käsekörner „nachgewärmt“ und der Kesselinhalt solange gerührt, bis die Körner die gewünschte Festigkeit erreicht haben. Nach insgesamt eineinhalb Stunden kann die Käsemasse aus dem Kessel gehoben werden. Dazu wird ein quadratisches, feinmaschiges Hanftuch, das Käsetuch, benutzt. Mit diesem Tuch holt der Käser, die auf den Kesselboden abgesunkenen Käsekörner heraus. Anschließend wird das Tuch mit den vier Enden an einen Flaschenzug geknüpft und die Käsemasse in eine Form befördert. Dort wird sie samt Tuch leicht gepreßt.

Im Laufe eines Tages muß der Käse mehrmals gewendet, jedesmal in frische Tücher eingepackt und stark gepreßt werden, damit am Abend keine Molke mehr austritt. Am anderen Morgen gelangt er mit dem Herstellungsdatum versehen in den Salzkeller. Da er noch ziemlich weich ist, hält ihn ein breiter Holzreif zusammen, so daß nur die Oberfläche mit Salz bestreut wird.

24 Stunden später ist der Käselaib vollständig erkaltet. Er wird vom Holzreif befreit und für drei bis vier Tage ins Salzbad gelegt, das aus

einer gesättigten Kochsalzlösung besteht. Nur ein kleiner Rand des Käselaibs schaut aus dieser Lösung heraus. Der Sinn und Zweck des Vorgangs: der Oberfläche des jungen Käses wird während dieser Zeit ständig Wasser entzogen. Es bildet sich eine Rinde, die der anfangs weichen Bruchmasse eine gewisse Festigkeit verleiht.

Nach diesem salzigen Bad wandern die Käse in den Gärkeller. Dort ruhen und reifen sie bei einer idealen Raumtemperatur. Jede Woche wird er nun, über die gesamte Zeit des Reifens hinweg, sorgfältig von Hand mit Wasser gewaschen und mit Hilfe einer Bürste mit Salz eingerieben. Für den Untersennen, der das macht, ein hartes Stück Arbeit; für den Käse aber eine entscheidend wichtige Pflege - nicht nur des Aussehens wegen.

Nun, nach etwa sieben Monaten Reifezeit, besitzt jeder Laib Schönegger Emmentaler als stolzes Wertsiegel seiner Qualität eine wunderschöne, goldgelbe Rinde. Er wiegt ca. 80 kg und erhält seinen Herkunftsstempel, der ihn als Original ausweist. Geschmack, Eigenständigkeit des Charakters, Biß und Aroma hatten - wie heute kaum irgendwo - die Zeit, sich zur Vollkommenheit zu entwickeln.

Jetzt, lieber Käsefreund, liegt es ganz an Ihnen, auf den naturechten Schönegger Rohmilchkäse-Geschmack zu kommen, und sei es nur durch eine kleine Kostprobe in einer unserer Niederlassungen.

Roggenkäsespätzle mit Sauerkrautsalat

~ für 2 Personen ~

200 gr. Roggenvollkornmehl
2 Eier
1 Tl. Jodsalz, etwas lauwarmes Wasser
1 große rote Zwiebel
1 El Keimöl
30 gr. Butter
80 gr. geriebener Berghäse, grober schwarzer Pfeffer aus der Mühle

Zubereitung:

Aus Mehl, Eiern, Salz und Wasser einen geschmeidigen Teig herstellen und ca. 1½ S zugedeckt ruhen lassen. Wasser zum kochen bringen, mit Salz würzen und mit dem Spätzlehobel den vorbereiteten Teig hineinreibe Mit einem Drahtlöffel die fertigen Spätzle rausholen und sofort in kaltes Wasser geben anschließend in ein Sieb abschütten.
Rote Zwiebel feinschneiden und in Keimöl glasig dünsten, Butter erst jetzt hinzugeben und zergehen lassen. Spätzle in einer Pfan mit etwas Butter schwenken und in eine feuerfeste Form geben. Mit geriebenem Berg käse schichtweise bestreuen und mit Pfeffer verfeinern. Die Zwiebel-Butter-Mischung dara verteilen und sofort servieren

So kommen die Löcher in den Käse

Durch den Gärungsprozeß im warmen und feuchten Gärkeller wird der im Käse eingeschlossene Milchzucker in Milchsäure umgewandelt und Kohlensäuregas entsteht. Überall im Käse sammelt sich das Gas und da es nicht entweichen kann, bilden sich an allen Sammelstellen die berühmten Löcher des Emmentalers.

Nach 8-10 Wochen ist die Lochbildung abgeschlossen. Und je ausgeglichener dieser Prozeß vor sich geht, desto schöner und gleichmäßiger sind die Löcher. Wichtig ist auch hierbei, daß die Käselaibe regelmäßig gewendet und mit Salzwasser gewaschen werden.

Wissen Sie eigentlich, warum es so viele Käsesorten gibt?

Der Boden macht's

Heutzutage werden etliche 1000 Käsesorten auf dem Weltmarkt angeboten, allein in Deutschland stehen mehr als 600 Sorten zum Verkauf. Ein einziger Rohstoff bildet die Grundlage für diese Vielfalt.

So ist es wichtig, ob man frische oder gelagerte Milch verwendet. Ob die Milch aus den Bergen oder aus der Ebene kommt. Ob Kuh-, Ziegen- oder Schafsmilch verarbeitet wird oder diese Milchsorten miteinander vermischt werden.

Bodenbeschaffenheit, Klima und Futter bestimmen die Sorte. Neben Bakterienkulturen wirken die verschiedenen Erwärmungstemperaturen, unterschiedliche Arten des Zerkleinerns der geronnenen Milch, spezielle Reifungsprozesse, Pflege und Lagerung auf Aroma, Aussehen und Geschmack des Käses ein. Zudem begründen der unterschiedliche Fettgehalt und der Anteil der Trockenmasse bzw. des Wassergehaltes die schier unerschöpfliche Angebotspalette an Käsespezialitäten.

Bodenbeschaffenheit und Landschaftsstruktur boten die besten Voraussetzungen für die Entstehung bestimmter Käsesorten. Es ist gewiß kein Zufall, daß Gouda und Edamer ihre Wiege in Holland in den Gebieten um Gouda und Edam hatten, der Camembert in der Normandie entstand und die Schweizer im Tal der Emme den Emmentaler erfanden.

Trotz der Möglichkeiten der modernen Käsereiwirtschaft, diese Käsesorten auch anderswo herzustellen, verfügen die ursprünglichen Gebiete über die klimatischen Bedingungen, Bodenbeschaffenheit und Flora, die eben jenen Käse auszeichnen.

Das beste Beispiel ist der Bergkäse, wie er schon seit Generationen auf den Alpen im Allgäu, Oberbayern, Österreich, der Schweiz hergestellt wird.

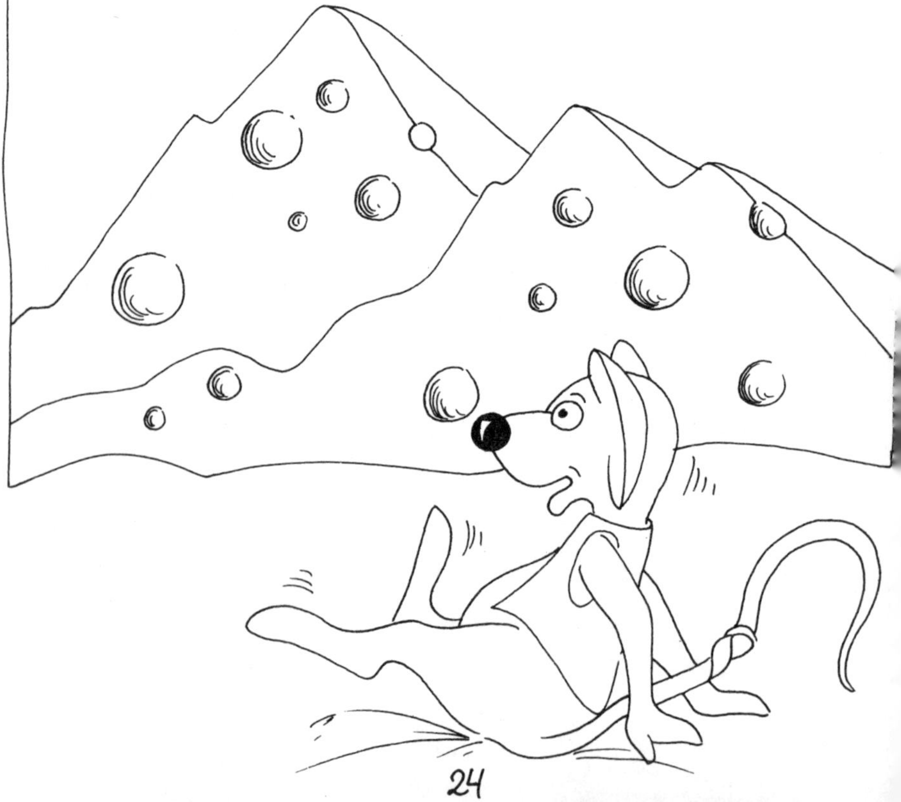

Die Alpkäserei

Angefangen hat die Herstellung dieses Käses auf den Alpen oder Almen, die über 900 m hoch liegen. Auf diesen Alpen wurden neben dem Käse auch Zieger und Buttermilch gewonnen.

Einen beträchtlichen Aufschwung erlebte die damalige Alpkäserei im Allgäu zu Beginn des 19. Jahrhunderts, als es noch keine Käsereien im Tal gab und die gesamte Milch auf der Alp verarbeitet wurde. Diesen Aufschwung brachten Schweizer Sennen durch Verbesserungen bei der Käseherstellung.

Wobei zu beachten ist, daß die Qualität des Käses zum einen dem würzigen und aromatischen Futter aus Kräutern und kleereichen Alpweiden zuzuschreiben ist, zum anderen dem Gärungsprozeß auf der Alpe. Da diese Keller über keinerlei Heizung verfügten, um den Gärungsprozeß zu beschleunigen, dauerte die Reifung des Käse wesentlich länger. Durch diese längere, aber auch schonendere Kaltgärung entwickelten sich besondere Aromastoffe, die den Alpkäse nicht nur zu einer Spezialität, sondern auch zu einer Delikatesse reifen ließen.

Heute wird nur noch im Allgäu in größerem Umfang auf traditionelle Weise gekäst. Der dabei erzeugte Hartkäse darf sich nur als Allgäuer Bergkäse bezeichnen, wenn er einen Mindestfettgehalt von 45% in der Trockenmasse aufweist.

Käse und diverse Milchprodukte gab es schon zu allen Zeiten. Wann und wie hat es wohl angefangen?

Historischer Käse

Seine Anfänge hatte die Milchgewinnung wohl in der Mittelsteinzeit, also etwa um 10.000 bis 5.000 v. Chr. Bis zur professionellen Herstellung von Käse vergingen jedoch noch einige Jahrhunderte. Die Sumerer in Mesopotamien, dem Zweistromland, hielten bereits Kühe und Ziegen und wußten aus Milch Käse und Butter herzustellen. Der ganze Vordere Orient gilt als frühes Zentrum der Milchverarbeitung. Die Kunst der Käserei war weit verbreitet, was geschichtliche Zeugnisse aus Kleinasien, dem biblischen Palästina, aus Ägypten, Griechenland und dem Mittelmeerraum belegen. Doch nicht nur Kuh- und Ziegenmilch wurde zu den verschiedenen Milchprodukten verarbeitet, auch Schafe, Esel, Pferde und Kamele wurden gemolken.

Wer glaubt, daß Kefir ein neuzeitliches Erfrischungsgetränk ist, hat nicht mit der Phantasie der asiatischen Reitervölker gerechnet. Sie erfrischten sich damals schon mit dem heute immer noch gern getrunkenen Sauermilcherzeugnis.

Auch wußten sie bereits Trockenmilch herzustellen. Der Milch wurde der Rahm abgeschöpft und in flachen Schüsseln in der Sonne getrocknet. So ernährten sich die wilden Reiterscharen auf ihren Beute- und Kriegszügen, indem sie die Trockenmilch mit Wasser anrührten.

Glaubt man den Geschichtsschreibern, so beschäftigte sich schon Aristoteles mit der Milchverarbeitung. Er verfaßte sogar ein Fachbuch darüber.

Doch kann man heute davon ausgehen, daß die Käseherstellung damals weniger auf intensiven Forschungsergebnissen als vielmehr auf genauen Beobachtungen natürlicher Vorgänge im Umgang mit der Milch beruhte.

Es gebe noch viel zu sagen zum Thema Käse, aber freuen wir uns lieber auf die leiblichen Genüsse, die in diesem Buch beschrieben werden. Wie wäre es mit Krautspatzen?

SO WERDET SPÄTZLE G'MACHT

Grundrezept "Spätzleteig" für 4 Personen

500g Mehl
4-5 Eier
1 Teel. Salz
etwas Wasser
nach Geschmack Muskat

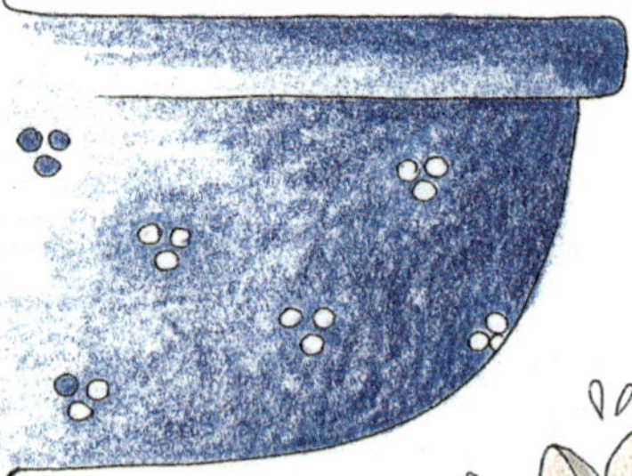

Mehl, Eier, Salz und Wasser in eine Schüssel geben, und solange schlagen bis der Teig Blasen wirft. Teig muß zäh sein, evtl. noch Wasser oder Mehl zugeben. Kurz stehen lassen.

Hobel kalt abspülen, Spätzle werden ins kochende Wasser gehobelt.

Spätzle können frisch, geröstet, oder aufgewärmt gegessen werden. Sehr gut als Beilage zu allen Gerichten mit Soße geeignet.

Krautspätzle f. 4 Personen

Grundrezept "Spätzleteig"

150 g Schinken, 1 Zwiebel, Butter
350 g vorgekochtes Sauerkraut
Pfeffer, Salz

Spätzle herstellen, mit kaltem Wasser abschrecken. Zwiebel in Butter andünste Sauerkraut zugeben und gut vermenge

Gekochte, abgetropfte Spätzle hinzugeben und in der Pfanne vermischen.
Alles zusammen ca. 20 Minuten in der Pfanne rösten lassen. Mit Salz und Pfeffer abschmecken.

P.S. Am Besten verwenden Sie Sauerkraut
das Sie schon am Vortag gekocht
haben.
Schmeckt besser!

Apfelspatzen für 4 Personen

Grundrezept: Spätzleteig
400 g säuerliche Äpfel
Butter, Zimt, Zucker

Äpfel in Scheiben schneiden, mit Butter in einer Pfanne andünsten, Spätzle zugeben, alles gut durchmischen und ca 15 Minuten rösten, dann

mit Zimt und Zucker ab-
schmecken.

Dazu trinken Sie Milch
oder Kaffee.

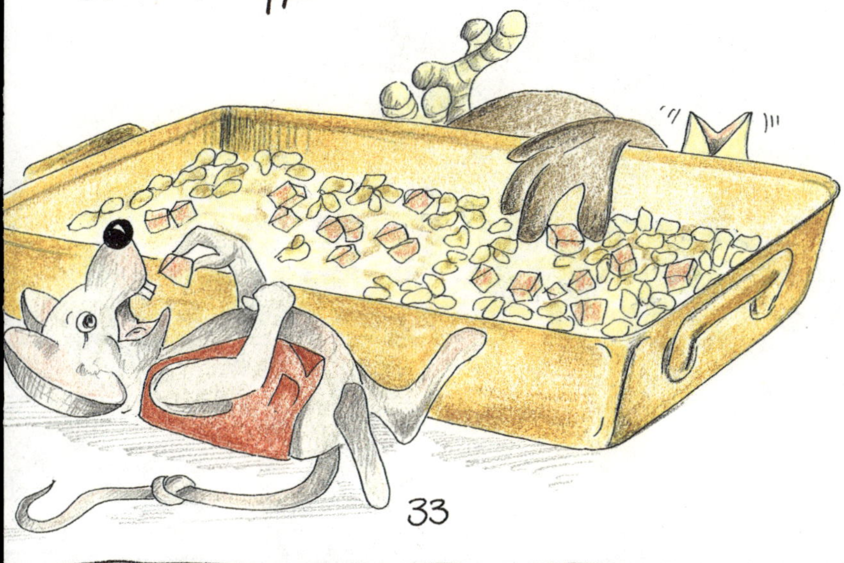

Spinatspatzen

Grundrezept „Spätzleteig"

250 g passierter Spinat

Muskat

Passierter Spinat unter den Spätzleteig mischen

evtl. noch Mehl dazugeben.

Spinatspätzle können mit einer Schinken-Sahne-Soße oder als Beilage gereicht werden.

Berglerspatzen

Grundrezept Spatzenteig

150 gr. gerieb. Emmentaler
150 gr. gerieb. Bergkäse
50 gr. Weißlacker
100 gr. Romadur
100 g. Butter, 1 Zwiebel, 1 Knoblauch,
Salz und Pfeffer

Spätzle herstellen:

Schichtweise Spätzle, versch. Käsesorten, Salz, Pfeffer in eine vorgewärmte Schüssel geben.
Gut durchmischen und am Schluß in Butter gebräunte Zwiebel und Knoblauch darauf-
geben.

Leberspätzle f. 4 Personen

400g gemahlene Rinderleber
3-4 Eier
50g Butter
150g Semmelbrösel
2 Eßl. Mehl
ganz fein gehackte Zwiebel
Pfeffer, Salz, Muskat

Alle Zutaten in eine Schüssel geben und gut zusammenrühren. Sollte der Teig zu dünn sein noch Semmelbrösel zugeben.
Kurz quellen lassen.
Teig mit dem Spätzlehobel

in kochendes Salzwasser hobeln. Kurz aufkochen lassen und in Fleischbrühe mit Petersil servieren.

BESTELLSCHEIN
Bitte schicken Sie mir die ☒ große – ☐ kleine
S ätzleschüssel mit dem Design:
☒ Blümchen (roter Ton)
☐ Ranke (heller Ton)
☐ andere Designvorschläge
☒ Prospekt

DO KOMMET SE NEI

Allgäuer Keramik

Schon früh war die Töpferkunst im Allgäu heimisch. Beim Bau der Bahnlinie 1888 entdeckte man in Altstädten alemannische Reihengräber aus dem 7. Jahrhundert n. Chr. Darin fand man unter anderem wertvollen Silberschmuck, farbige Tonperlen und Keramikscherben. Im Jahre 1919 wurde am Westhang des Imberger Horns ein Bergwerk errichtet, um die dortigen, lange bekannten Braunkohle-, Ton- und Lehmvorkommen abzubauen. Mit der Seilbahn wurden die Rohstoffe nach Altstädten zur Weiterverarbeitung in den Keramikbetrieb „Allgäuer Keramik“ gebracht.

Seit 1923 entstehen dort handgearbeitete Töpferwaren, Fayencen, Garten- und Baukeramik. Im Jahre 1936 übernimmt der leidenschaftliche Töpfer Hans Rebstock den Betrieb, mit dem es nun ständig aufwärts geht. Durch den Allgäuer Heimatpfleger Dr. Alfred Weitnauer lebt das Original „Allgäuer G'schirr“ wieder auf, das ein Fundament des Betriebes ist.

Die Schönheit der Formen und Dekore werden heute mit den Anforderungen an eine funktionstüchtige Keramik verknüpft. Moderne Brennöfen erlauben es, den „Scherben“ bis zu 1100° C hoch zu brennen. Die Teile werden dadurch hart, sind spülmaschinenfest, ohne die Leuchtkraft der Farben und Glasuren einzubüßen.Trotz aller Technik bleibt jedoch die individuelle künstlerische Handarbeit an erster Stelle.

Die Werkstatt- und Ausstellungsräume in Altstädten wurden mehrmals erweitert und sind ein beliebtes Ausflugsziel für Einheimische und Feriengäste. Neben feinen, urigen, originellen und erlesenen Unikaten für Heim und Garten, für Geschenke oder zur Erinnerung finden sich in dem vielfältigen Keramikangebot natürlich die original Allgäuer Kässpatzenschüsseln. Apropos Original, nur mit dem Allgäuer Keramikzeichen ist die Keramik wirklich original.

Wissen Sie, was das Zeichen der Allgäuer Keramik bedeutet?
Es wird gebildet aus den Runen für Feuer und Erde. Die Erde (Ton) steht im Feuer, dadurch entsteht gebrannte Erde (Keramik). Derjenige, der seiner Keramik dieses Zeichen gab, war Firmengründer Hans Rebstock, deshalb die Buchstaben am Fuße des Warenzeichens „HR“.

Übrigens lassen sich alle Designs beliebig variieren und ergänzen; zu der Kässpatzenschüssel gibt es die passenden Teller, den wirkungsvollen Krug oder das komplette Service von der Kaffeetasse bis zum Suppenteller.

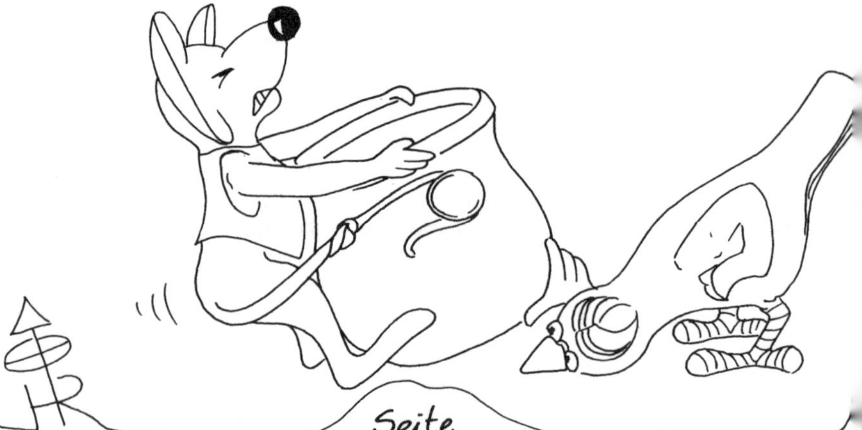

DES TRINKT MA DAZUA

Die neue Geheimnummer
der Bierkenner
1394
Allgäuer Brauhaus
Allgäuer Brauhaus
1394

Füreinander geschaffen

Essen und Trinken hält Leib und Seele zusammen. Im Geiste dieser lebensfrohen Volksweisheit wollen wir hier die Beziehung von Allgäuer Kässpatzen und Allgäuer Bier betrachten. Da Kässpatzen nicht gerade häufig in Diätplänen auftauchen, genauso wenig wie Bier, haben beide schon mal etwas gemeinsam. Aber ihre Beziehung geht wahrlich tiefer. Denn beide gehören zu den ehrlichen und deftigen Genüssen, bei denen nicht nur Qualität, sondern auch Quantität zählen. Eine briefmarkengroße Gourmetportion Kässpatzen wäre genauso lächerlich wie ein Achtel Bier.

Kässpatzen ißt man, wenn man Hunger hat, und Bier trinkt man, wenn man Durst hat. Und wenn man beides hat, gibt es keine bessere Kombination, um ein ganz spezielles, allgäuerisches, kulinarisches Glücksgefühl auszulösen. Plötzlich spürt man, Kässpatzen und Bier sind füreinander geschaffen - nichts harmoniert besser. Nur die Kässpatzen müssen natürlich die echten, wahren sein, die, denen dieses kleine Werk gewidmet ist, und beim Bier sollte es sich schon um ein richtiges Allgäuer „Gebräu“ handeln, am besten um eines aus dem Allgäuer Brauhaus, wo die Allgäuer Brautradition seit 600 Jahren gepflegt wird. Ob man aber nun Teutsch Pils, eines der Weizenbiere, wie die Alt Kemptener Weiße oder das Fürstabt Weizen oder das 1394 dazu trinkt, das bleibt dem persönlichen Geschmack vorbehalten. Dazu passen tun sie alle - und schmecken sowieso.

Ihr Allgäuer Brauhaus
wünscht guten Appetit!

Tomatenspätzle mit Gorgonzolasoße

Grundrezept: "Spätzleteig"
ohne Flüssigkeit
500 g passierte Tomaten
100 g Hartweizengrieß

Soße: 1 Zwiebel, 1 Knoblauchzehe, Butter
250 g Gorgonzola, 1 Becher Sahne
3 Eßl. Sauerrahm, evtl. Salz u. Pfeffer

Zwiebel u. Knoblauch fein schneiden, in Butter andünsten. Käse in Scheiben schneiden, langsam zugeben, mit Sahne u. Sauerrahm abrunden.

Tomaten

Kräuterspätzle

Grundrezept "Spätzle"
250 g gehackte frische o. gefrorene
Kräuter - Petersil, Majoram
Basilikum, Schnittlauch usw.

Kräuter zum Spätzleteig geben.
In gewohnter Weise Spätzle herstellen.

Kräuterspätzle eignen sich sehr gut als Beilage zu Wildgerichten oder Schweinefleisch

$10 + 30 - 10 : 6 \times 5 + 1 = ?$

Birespätzle

Grundrezept „Spätzle"
10 mittelgroße, getrocknete Birnen
Butterschmalz, Zucker

Getrocknete Birnen einen Tag in warmes Wasser einweichen, dann kleinschneiden. Die fertigen Spätzle in Butterschmalz anbraten und die kleingeschnittenen Birnen dazugeben und untermischen.
Nicht zu lange rösten, da die Birnen sonst hart werden.
Mit Zucker bestreuen.
Fertig!

Brätspätzle

250g Brät
1 kl. Zwiebel
3 Eier
1/8 ltr. Milch
ca. 250g Mehl

Salz
gehackte Petersilie
1/2 geriebene Zitronenschale
Muskat

Die Zutaten zu einem dickflüssigen Teig anrühren. Mit einem Spätzlehobel ins siedende, gesalzene Wasser hobeln, aufkochen lassen. Die fertigen Spätzle mit einem Schaumlöffel aus dem Wasser nehmen und in die heiße Fleischbrühe geben.

100
150
200
250
300
350
Salz

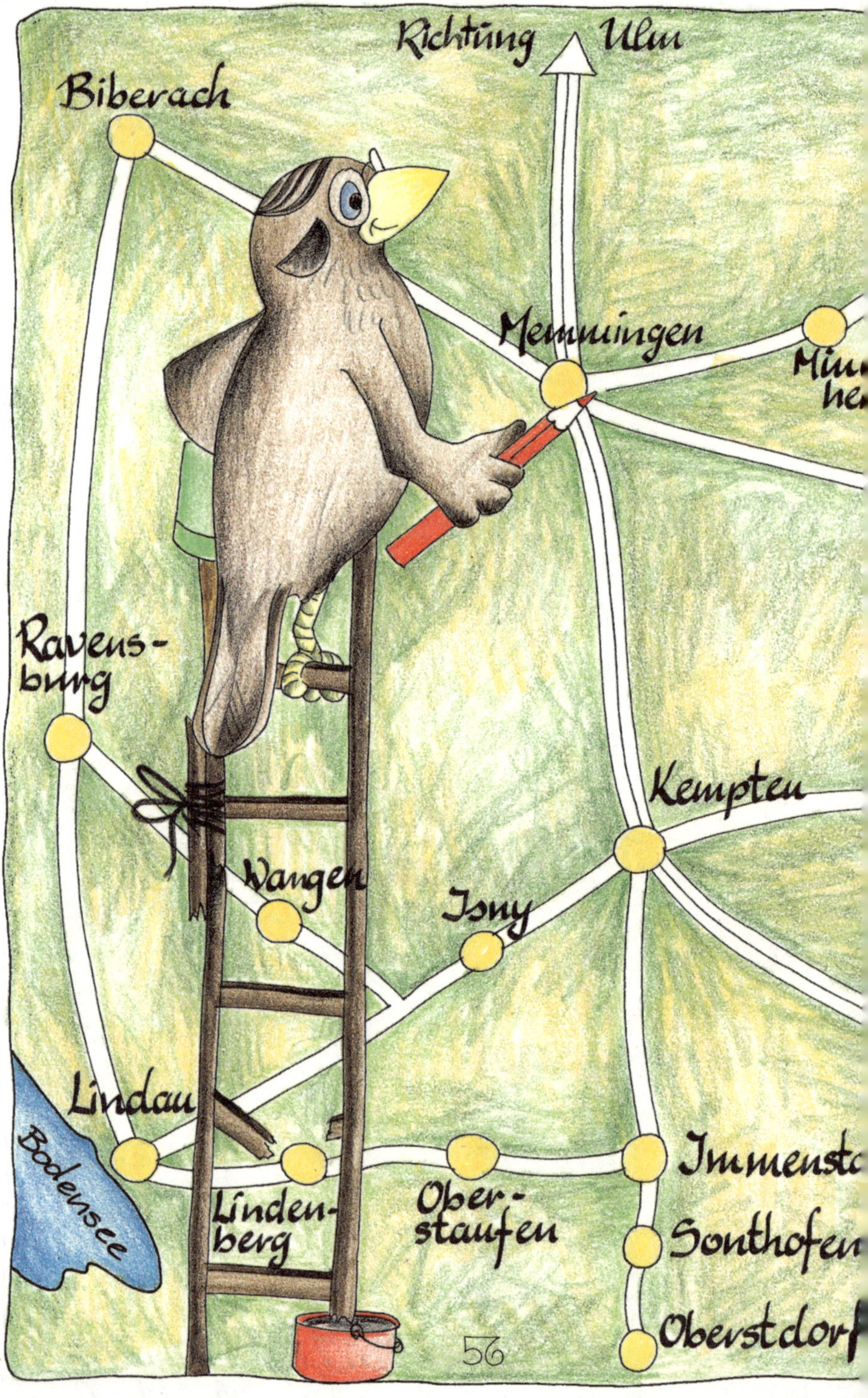
Richtung Ulm
Biberach
Memmingen
Ravensburg
Kempten
Wangen
Isny
Lindau
Bodensee
Lindenberg
Oberstaufen
Sonthofen

München
Landsberg
Buchloe
Ammersee
Starnberg
Starnberger-See
Kauf-beuren
Weilheim
Schongau
Markt-oberdorf
Bad Tölz
esselwang
Forggensee
Pfronten
Füssen
Garmisch-Partenkirchen

Sonntags-Hobel
oder wie die Spätzle zu ihrem Hobel kamen

Aller guten Dinge sind drei, so auch bei den Kässpatzen: der griffige Teig, der delikate Käse und der richtige Spatzenhobel.

Die Spätzle wurden anfangs, wie bereits beschrieben, vom Brett geschabt, was natürlich eine Heidenarbeit war, bei der so mancher Wirt arg ins Schwitzen kam. So überlegten und tüftelten die Schwaben bis sie endlich das ideale Gerät gefunden hatten.

Eigentlich war's ganz einfach: Früher zogen die „Krauthobler“ durch Stadt und Land und hobelten den Leuten das „Filderkraut“ in ihre Fässer. Und just dieser Hobel stand nun Pate für den Spatzenhobel, der nunmehr seit 65 Jahren im Betrieb der Familie Sonntag hergestellt wird.

Das Prinzip des Hobels ist denkbar einfach. Es besteht aus zwei Teilen: einem Teigschieber und einer gelochten Hobelplatte. Diese wird auf den Topf gelegt und der mit Teig gefüllte Schieber darauf hin- und hergeschoben. Durch die besondere Form des Schiebebodens wird dabei der Teig wie mit einem Spachtel durch die Löcher gedrückt und gleitet ins kochende Wasser. Fertig sind die Spätzle! Eine einfache, aber geniale Idee.

Original
SPÄTZLE
HOBEL
Verlangen Sie das Original.
SONNTAG
Erhältlich im Fachhandel.

Die Erfindung setzte sich durch und die Firma Sonntag mußte ihren Handbetrieb bald auf maschinelle Fertigung umstellen. So entstand im Jahre 1928 im oberschwäbischen Mochenwangen die erste Spätzlehobelfabrik.

Mittlerweile gibt es den Hobel in zwei Ausführungen: eine für lange Spätzle und eine für Knöpfle. Anfangs gab es nur den Spätzlehobel mit kreisrunden Löchern für Knöpfle. Doch bald tüftelte man bei der Familie Sonntag an einer weiteren Lochung für die langen Spatzen. Alle möglichen und unmöglichen Varianten wurden ausprobiert und wieder verworfen, bis man schließlich eine Version entwickelte, die zum gewünschten Ergebnis führte. Ein neues Patent war geboren: Ein ovales Loch mit einer nach unten wegstehenden Zunge, aus welcher sich der Teig in die Länge zieht und so die langen Spätzle ergibt. Die Schönsten, nach Meinung vieler Hausfrauen.

Ein **kleiner Tip** sei an dieser Stelle gegeben: Die einfachste Reinigung erfolgt nach wie vor unter kaltem Wasser mit einer Bürste. Die Teigreste verkrusten durch die hohe Temperatur in der Spülmaschine.

Zu guter Letzt...

Gleichwohl die Allgäuer und die Schwaben bisweilen miteinander so ihre Schwierigkeiten haben, fanden sie sich doch für dieses Buch zusammen, lauter Originale.

Der Spatz, die Maus, der Käs', der Hobel, das Nikituch - die Herausgeberin, der Grafiker, die Druckerei, der Keramiker, und

was sonst noch so im Buch kreucht und fleucht, wünschen Ihnen viel Spaß beim Lesen und Spätzle machen. Pfüa Gott, Ade und Aufwiedersehen im Allgäu und im Schwabenländle.

Bestellschein "Kässpatzen aus dem Allgäu"

Ich bestelle:

Anzahl	Artikel	Preis in DM	Total
	Geschenkpackung Buch "Kässpatzen aus dem Allgäu", Spatzenhobel, Nikituch	34,90	
	Original Sonntag Spatzenhobel aus Weißblech	17,90	
	Nikituch, 50 x 50 cm rot ☐ blau ☐ grün ☐	5,00	
	Des ißt ma' bei uns dahoim Kochbuch für Hausmannskost, handgeschrieben	25,90	
	Süße Schätze aus dem Allgäu Backbuch für Weihnachtsgebäck, handgeschrieben	23,90	
	Summe		
	Zuzüglich Porto und Verpackung	5,00	

Zahlungs- und Lieferbedingungen:
Um Ihre Bestellung schnell und reibungslos abwickeln zu können, bitten wir Sie, uns einen Euroscheck beizufügen.

☐ Ich habe einen EC-Scheck beigelegt.

Spezialverpackungen und Mengen auf telefonische Anfrage bei

LutziVerlag Allgäu, Hauptstr. 1, 87488 Betzigau
Telefon 08 31/77 07 99, Fax 08 31/7 20 83

Absender

Name

Strasse

PLZ/Wohnort

Telefon

LutziVerlag Allgäu
Hauptstraße 1

87488 Betzigau